Merete Pryds Helle, 1965 geboren, ist eine preisgekrönte und von der Kritik hochgelobte dänische Autorin. Bekannt für ihre sprachlichen Finessen und ihr gekonntes Beobachten von menschlichen Beziehungen, schreibt sie sowohl für Kinder als auch Erwachsene.

Charlotte Pardi, geboren 1977, ist eine dänische Illustratorin, die bereits mehrmals den Illustratorenpreis des dänischen Kulturministeriums erhalten hat. Sie hat bereits mehr als 50 Bilderbücher illustriert, von denen manche auch international erschienen sind.

Weitere Informationen zum Kinder- und Jugendbuchprogramm der S. Fischer Verlage finden Sie unter www.fischerverlage.de

MIX
Papier | Fördert gute Waldnutzung
FSC® C043106

Erschienen bei FISCHER Sauerländer

Die dänische Originalausgabe erschien 2022 unter dem Titel »Lille Tis finder Donna« bei Forlaget Carlsen, a publishing company under Lindhardt & Ringhof Forlag A/S, Vognmagergade 11, DK – 1148 Copenhagen.
Published by arrangement with Babel-Bridge Literary Agent, Denmark.

Umschlaggestaltung: Dahlhaus & Blommel Media Design, Vreden
unter Verwendung einer Illustration von Charlotte Pardi
Satz: Dahlhaus & Blommel Media Design, Vreden
Druck und Bindung: Grafisches Centrum Cuno GmbH & Co. KG, Calbe
ISBN 978-3- 7373-7304-3

LUNA

UND DIE HERRLICH VERMURKSTEN FERIEN

MERETE PRYDS HELLE & CHARLOTTE PARDI

Aus dem Dänischen von Friederike Buchinger

SAUERLÄNDER

Luna lag in der offenen Gartentür und hörte dem zwitschernden Rotkehlchen zu. Es machte »Did did dideliid«, und das klang ganz genau wie Clemens' Handy. Aber Clemens war mit dem Rad zum Supermarkt gefahren, um Süßigkeiten zu kaufen, denn seit heute hatten sie Sommerferien. Drei surrende Fliegen kitzelten Luna am Schwanz.
Lilli dümpelte faul im Planschbecken auf der Terrasse herum.
Sie spritzte Luna nass, und da hätte Luna sie am liebsten verbellt, aber zum Bellen war es viel zu heiß.

Am Abend zündete die Mama der Kinder ein Lagerfeuer an, der Vater spießte Marshmallows auf Stöckchen auf, alle bekamen Popcorn, das Carla über dem Feuer gepoppt hatte, Carl brutzelte Würstchen, Clemens verteilte seine Süßigkeiten, Caroline schenkte jedem Holunderblütenlimonade ein, und Lilli aß alles ratzeputz auf. Dann machte es »Did did dideliid«. Aber diesmal zwitscherte nicht das Rotkehlchen, das schlief nämlich schon, und es war auch nicht Clemens' Handy, denn das war auf lautlos geschaltet. Es war das Handy der Mama, das klingelte.
»Du hast Urlaub«, sagte der Papa. »Wirf das Ding ins Feuer.«
»Ja, ins Feuer damit, ins Feuer damit«, riefen Carla, Clemens, Carl, Caroline und Lilli, und Luna schlabberte Lilli ganz schnell einen Hundekuss über den offenen Mund, der so lecker nach Würstchenfett roch.

Lächelnd ging die Mama ans Telefon.»Hallo«, sagte sie, »wir haben ja ewig nichts voneinander gehört!«
Carla, Clemens, Carl, Caroline, Lilli, der Papa und Luna wurden ganz still.
»Der kleine Pipi?«, sagte die Mama. »Oje, wie traurig. Das tut mir leid.« Die Amsel schmetterte ihr Abendlied, ein paar Mücken sirrten, im See quakte ein Frosch.
»Wir?«, sagte die Mama. »Ja, aber?!« Sie machte eine Pause.
Dann sagte sie noch einmal: »Ja, aber?!«
Sie legte eine Hand über das Telefon und flüsterte: »Der alte Mann, dem Lunas Bruder Pipi gehört, ist ins Pflegeheim gekommen.
Er hat die Besitzer von Lunas Mutter gefragt, ob sie jemanden kennen, der Pipi übernehmen würde.«
Das »Ja« der ganzen Familie übertönte alle anderen Geräusche des Sommerabends.

Der Papa packte die Koffer, und die Mama lud die Koffer ins Auto. »Wir können auf dem Weg ins Ferienhaus einfach beim Pflegeheim vorbeifahren«, sagte die Mama. Lilli packte Lunas Schlafdecke ein und noch eine zweite Decke für Pipi.

Caroline packte Lunas Lieblingsteddy ein und noch einen zweiten Teddy für Pipi. Carla packte Lunas Kauknochen ein und noch einen zweiten Kauknochen für Pipi.
»Das wird besser als Erdbeeren mit Sahne«, sagte Clemens.
»Der kleine Pipi ist bestimmt der süßeste Hund der Welt«, sagte Carl.

Während alle packten, dümpelte Luna noch ein bisschen im Plansch-
becken herum.
»Sie ist ja pitschnass«, sagte der Papa.
»Neben Lillis Kindersitz ist kein Platz für den Hund«, sagte die Mama.
»Ich will nicht, dass mein Kleid dreckig wird«, sagte Carla.
»Als ob ich lieber dreckig werden würde«, sagte Clemens.
»Ich will nicht nach nassem Hund stinken«, sagte Carl.
»Ich schwitze viel zu doll, um sie auf den Schoß zu nehmen«,
sagte Caroline.
Also setzte die Mama Luna in ihre Hundetransporttasche und verfrachtete
sie nach hinten in den Kofferraum.

Kuffert
BX 45 936

Das Pflegeheim war auf einem Hügel gelegen. Am Eingang hing ein großes Schild, auf dem stand: *Tiere müssen draußen bleiben.*
Vor dem Pflegeheim war eine Bank, und auf der Bank saß der alte Mann mit dem kleinen Pipi. Eine Gruppe anderer alter Leute stand um die beiden herum.
»Er ist so süß«, nieste einer von ihnen.
»Wir wollen ihn behalten«, nieste eine andere.
»Hatschiii«, nieste jemand Drittes.
»Aber wir sind ja allergisch gegen ihn«, nieste eine Vierte.
Der alte Mann drückte seine Wange an Pipis Wange und sah die Kinder der Reihe nach an. »Ihr müsst mir versprechen, gut auf ihn aufzupassen«, sagte er.

»Er ist der süßeste Hund, den ich je gesehen habe«, sagte Caroline.

»Süßer als süß«, sagte Clara.

»So süß wie ein Gummibärchen«, sagte Clemens.

»Ich werde mit ihm Ball spielen«, sagte Carl.

Lilli streichelte dem alten Mann über den Kopf und versprach ihm, wirklich ganz besonders gut auf den kleinen Pipi aufzupassen.

Dann trug die Mama Pipi zum Auto und setzte ihn dem Papa auf den Schoß.

»Kleiner Pipi«, sagte der Papa, »jetzt gehörst du zu uns.«

GRAND HOTEL
PALLANZA

Luna sprang aus der Tasche, rannte in Lillis Zelt und legte sich auf Lillis Bett. Jedes Kind hatte ein eigenes Zelt im Garten, denn das Ferienhaus war winzig klein. Lilli legte Lunas Decke auf den Boden und hob Luna von ihrem Bett. »Du schläfst hier«, sagte sie. »In meinem Bett ist nur Platz für einen Hund.«
»Wuff«, bellte Luna und sprang wieder hoch ins Bett.
Lilli hob Luna wieder herunter.
»Nein, du musst jetzt ein großes Hundemädchen sein«, sagte sie.
Luna zeigte Lilli deutlich, dass ihr das aber so was von pupsegal war, indem sie ihr den Popo zukehrte und raus in den Garten verschwand.

Luna liebte das Ferienhaus. Es stand neben einem wogenden Getreidefeld mit einem Feldrain voll von blühenden Mohnblumen und blauen Kornblumen, über denen die Schmetterlinge Fangen spielten.
Und gleich hinter dem Ferienhaus war eine winzig kleine Wiese mit einem winzig kleinen Strand mit Kieselsteinen, zwischen denen man Seesterne, Krebsscheren und Seetang finden konnte.

Aber der kleine Pipi schlief in Lillis Bett. Pipi fraß aus Lunas Futternapf. Pipi begleitete Clemens, wenn er ins Dorf ging, um sich ein Eis zu kaufen, und Caroline brachte Pipi Schwimmen bei. Der Papa gab ihm Küsschen auf die Schnauze, und die Mama sagte, sie hätte noch nie so einen süßen Hund gesehen. Ja, außer Luna natürlich …

Also spielte Luna allein. Morgens jagte sie den Schmetterlingen nach, aber sie achtete darauf, keinen von ihnen zu fangen. Manchmal setzte sich sogar ein Schmetterling auf ihre Nase, und dann konnte sie all die vielen Blumen riechen, von denen er schon gegessen hatte.
Luna tollte am Kiesstrand auf und ab und suchte nach Seesternen und nach den Krebsscheren, die so lecker salzig und knusprig waren.
Sie drehte ausgedehnte Runden durch die Felder, und wenn sie nach Hause kam, lief Pipi wedelnd auf sie zu und schleckte ihr das Gesicht ab.
Luna konnte ihn trotzdem nicht leiden.

Die Sonne schien, und im Zelt wurde es so warm, dass Luna kaum noch Luft bekam. Pipi schnarchte mit Lilli um die Wette. Da schlich Luna sich nach draußen, ohne dass die beiden sie hörten. Im Rosenbusch saßen drei Schmetterlinge. Als Luna eine Pfote nach ihnen ausstreckte, wirbelten sie auf und flatterten davon, und Luna rannte ihnen hinterher. Sie kamen an Himbeersträuchern vorbei, wo die Spinnen in ihren taunassen Netzen hockten. Sie kamen an ein paar Fichten vorbei, an deren Stämmen die Eichhörnchen hoch- und runterflitzten.
Sie begegneten einem Nachtfalter, der lautlos zwischen den Bäumen verschwand.
Luna lief und lief, immer den Schmetterlingen nach, bis zu der Eiche, die bei einem Frühjahrssturm umgestürzt war, und da fiel sie mit einem dumpfen Plumps in ein tiefes Loch unter der Baumwurzel.

Zwischen den Wurzeln konnte Luna den Himmel sehen.
Hoch in der Luft tanzten die drei Schmetterlinge. Luna versuchte, aus dem Loch zu klettern, aber die Erde war zu lose, sie rieselte einfach unter ihr weg, und Luna landete wieder auf dem Boden.
»Luna, Luna«, hörte sie jemanden rufen, doch als sie eine Antwort bellte, klang es nur wie das leiseste Wuff der Welt.

Die Sonne wanderte über den Himmel. Unten im Loch war es furchtbar still. Nur ab und zu konnte Luna hören, wie jemand nach ihr rief.
»Luna! Süße!«, lockte der Papa.
»Luna, ich habe Leckerchen für dich«, schrie Clemens.
»Wo bist du, Lunachen?«, heulte die Mama.
»Lunamaus«, rief Carla.
»Komm, wir spielen, Luna«, brüllte Carl.
»Luna, Luna, Luna«, plärrte Caroline.
Aber niemand hörte Lunas Wuff in dem tiefen Loch unter der umgestürzten Eiche.

Dann bemerkte Luna ein Geräusch, ein Rascheln und Schnüffeln, das sich zwischen Himbeersträuchern und Fichtennadeln vorwärtsschob.

»Such, Pipi, such«, rief jemand.

Das war Lillis Stimme.

»Such meine Luna!«

Eine Eule flog erschrocken auf, Pfoten kamen durchs Gras gerannt, und dann erschienen oben über dem Loch Pipis dunkle Augen, und Luna spürte, wie ein Sabbertropfen aus seiner Schnauze in ihrem Gesicht landete. Noch nie war sie glücklicher gewesen, jemanden zu sehen.

»Wiff-wiff«, kläffte Pipi.

»Wuff«, bellte Luna.

Mit kullernden Tränen tauchte kurz darauf Lilli auf, als Nächster kam Clemens, dann kamen Carla, Carl und Caroline, und zuletzt kam der Papa, der auch vor Freude weinte, und zuallerletzt die Mama.
Lilli schwenkte Lunas Decke. »Pipi ist Lunas Deckenduft gefolgt«, rief sie.
Dann hielten alle den Papa fest, der sich ins Loch hinunterbeugte, um Luna herauszuholen. Er drückte sie an sich, während die anderen ihn wieder nach oben zogen.
»Meine süße Luna«, flüsterte die Mama. »Ich hatte solche Angst, dass wir dich nicht wiederfinden würden.«
Aber als sie wieder oben war, lief Luna schnurstracks zu Pipi, und sie leckte ihm erst das Ohr, dann die Nase und schließlich auch noch den Hals ab. Auf einmal konnte sie nämlich sehen, wie süß er war.
Dann setzte sich Lilli mit beiden Hunden in die Wiese, und Luna saß auf Lillis einem Bein, und Pipi machte ein ganz kleines Pipitröpfchen auf Lillis anderes Bein.

In dieser Nacht schliefen Luna und Pipi zusammengerollt in Lillis Bett. Und Pipi futterte als Erster aus dem Napf, während Luna wedelnd wartete, bis er fertig war. Pipi und Luna spielten mit Carl Fußball, und sie halfen dem Papa beim Abwasch. Beide Hunde gingen mit Clemens Eis holen, und Caroline brachte Luna das Tauchen bei.
Wann immer sich die Gelegenheit bot, gab Pipi Luna einen Hundekuss auf die Schnauze, schleckte ihr über Nase oder pinkelte ihr ein bisschen auf die Pfote, und Luna dachte, dass es nichts Schöneres gab,
als einen neuen Freund zu haben, der sie verstand, wie kein Mensch sie je verstehen konnte.
»Wir sind das weltbeste Sommerferienteam«, sagte Lilli jeden Abend, wenn sie zusammen im Bett lagen, »und ab jetzt kann uns niemand mehr trennen.«